Collezione

BOCCHE NAUFRAGHE

n.1

Angela Greco

ANCORA BARABBA

Ancora Barabba
© 2018 - Angela Greco

ISBN | 978-88-91112-16-3

Progetto Grafico Angelo Bruno - Massafra (TA)

Youcanprint Self-Publishing
Via Roma, 73 - 73039 Tricase (LE) - Italy
www.youcanprint.it
info@youcanprint.it
Facebook: facebook.com/youcanprint.it
Twitter: twitter.com/youcanprintit

«Io sono gli altri. Sono tutti quelli
che il tuo ostinato rigore riscatta.
Son quelli che non conosci, che salvi.»

J.L.Borges, da *Invocazione a Joyce*

I

La città vista da qui sembra smisurata.
Il drappo protegge il sinedrio dalla luce.
Stanno decidendo il mio futuro.
Chi? Una commistione di popolo e leggi.
Ma quello che dovrà scegliere tra me e l'altro
è anche il mio popolo. Ho le mani legate.

In alcuni giorni la sopravvivenza è un dono altrui
(come nelle notti in mare
quando l'approdo è solo un caso).

Oggi, vista da quassù la città sembra più bella
eppure decreterà chi deve morire.

II

Il governatore della regione scruta il cielo fosco:
una sequenza di grigi è presagio di maltempo.

Dalle torri per svariati ettari si estende fumo
(inno ad un futuro scambiato per denaro).
Forse verrà la pioggia,
ma non sarà sufficiente.

Dalla finestra Pilato confonde le nuvole:
alcune porteranno acqua; altre,
somigliano a presagi
(ma lo sapremo soltanto tra cinquant'anni).

Obliquo un raggio
dallo specchio colpisce l'occhio.
Non basta la mano a schermarsi.

Il processo sta per iniziare:
si indossi pure l'abito migliore.

III

Impronte nel Getsemani dicono che
non era uno solo
a calpestare terra e preghiere.

Sotto il riverbero del sole di mezzogiorno
c'è chi non distingue l'innocente
tra le pagine e i nodi dell'ulivo.

La città ha già reso note le sue intenzioni:
issano altre croci prima del tramonto;
viene il giorno di festa.
La morte per questo può aspettare.

Il vento gonfia le tende rosse.
Il tribunale dà segno d'inizio.

Metà mattina. La piazza aspetta
in silenzio le sorti capovolte: oggi
trenta Giuda tradiranno per un denaro
chiunque stia loro seduto accanto.

Nel vuoto tra muro e strada
aspetta la sorte.

IV

Nell'oscurità della propria insonnia
il turno, la chiusura dei conti, il ritorno;
in un silenzio asfissiante
si assottiglia il coraggio
e feroce svanisce l'illusione di riuscirci.

Qui non importa essere figlio di dio.
Il cielo è così distante da confondere idee
e la sera è uno stato permanente.

Il rumore della sopravvivenza
fuori da questo perimetro
ha qualcosa di conosciuto che
non si può più ignorare.

V

Il giorno nasce con la piega greve
della maschera che ti accompagna
al posto numerato comprato.

L'attesa si sveste di silenzio
inizia la rincorsa a qualunque cielo
sia in grado di ascoltare,
ad ogni dio che abbia occhi per i suoi piedi
e per quelle mani che edificano preghiera.

La notte ha sbarrato le palpebre
ed ha perso le stelle.

Si affittano speranze
anche usate,
purché risuolate bene.

VI

È buio il pensiero di Pilato;
notte scura che assorda e morde.
Non dorme nemmeno lui
(che governa per conto di altri).

Siamo in tre a vegliare
la sottile linea che differenzia oscurità e luce.
Si riducono le parole all'essenziale:
conosce la procedura e ha fretta
domani è vicino più del previsto.
Affidarsi a qualcuno
è un'idea di salvezza.

VII

Sono pagano e non conosco nessuno
(anche Pilato proviene da un altrove).

Prende corpo la paura del giudizio
tremano voce e mani.
Nessuno nota nulla.
Tutti sono qui ad ascoltare la voce dell'impero
di cui conoscono bene la caduta.

Anni dopo non c'è molta differenza;
passano secoli senza riuscire a comprendere
dove la natura umana ha virato bruscamente.

La speranza è nella feritoia del presente.

Non ricordo dove si è perso
quel che fu affidato alle mani
e prima ancora alla volontà;
dove si è rotto l'urlo di rabbia,
che arrossa e gonfia il petto.

Chi altri siamo diventati
su questa strada già segnata,
che arresta il passo di ritorno?

In lontananza s'insanguina il cambiocielo.
Verdetto senza appello
e domani potrebbe essere il mio turno.

Il nuovo giorno non ha tardato;
altri accanto aspettano ancora.

La folla inferocita sentenzia senza esitare
e i mezzi di comunicazione di massa annotano
la domanda multipla e l'unisona risposta.

A quale regno apparteniamo,
quando abbiamo paura,
e a chi si deve riconoscenza
è ora di domandarselo.

Il sole non avvalora le inique sentenze,
mentre l'ombra dà scampo.

La distorsione intima affligge
genera deformità a vista
e cambia connotati.
Fino al disconoscimento.

Giunto in terra straniera
qual è la liberazione tanto attesa?
Non mi riconosco più
stretto tra filo spinato e fango
la salvezza è sempre più lontana.

Scelto tra due opposti
vedo fino alla voragine più scura:
perché io, Barabba?
Guardo incredulo la differenza
tra la folla e Pilato ripulito;
un solo gesto ed entrambi sono liberi.
Il prezzo graverà
sul luogo meglio nascosto di ciascuno.

Smarrito, riprendo la strada.
Dita ed occhi addosso bruciano;
il nemico mi segue da vicino,
mi conosce ed io gli appartengo.

Da mezzogiorno alle tre
il buio ferma l'orologio.

XI

Si assopisce
il clangore della morte silenziosa;
la croce attende il prossimo.

Ecco la città
(la stessa della sentenza di morte),
dorme senza sogni
e nuda, nell'affinità dei lini,
varca il limite dell'oscurità.
Si scivola in un sogno
dal significato ignoto.

Nella situazione del sonno l'uomo è indifeso
(nessuno ci fa caso)
e al risveglio glorifica solo la luce
dimenticando la notte ed i suoi mostri.

(L'occhio muta fiori in bianche dimenticanze.)

La spina preme il costato
e sfioriscono rosa e corona;
il passo col suo rumore di nulla
scava micro solitudini, che
sorpassano risse e parole.

Dalle mani percola sabbia;
la duna segna un nuovo confine,
che sfugge a carte e polizia.

Barabba non è più sicuro
che sia morto un altro al suo posto.

XIII

E' buio su tutta la terra
dentro e fuori
non distinguo il pianto
mio e altrui.
Il processo si è concluso.
Dovrei essere vivo.

Dubito
e nessun gallo canta.

Ho lasciato la mia terra
e il ventre di mia madre;
ho perso identità e nome
naufrago in altre civiltà.

Un passo, un altro, un altro, un altro
perdo equilibrio, cede il terreno, cado,
chiedo aiuto, aiuto, nessuno risponde,
ho paura, urlo, nessuno sente, urlo più forte.
Nessuno.

Precipito.
(silenzio)

Manca l'aria. Ansimo. Sudo.
Faticosamente riapro gli occhi.
Muovo le mani. Tocco la carne.
Cerco il volto.

Chi sono? Dove sono?

Mi risollevo dal letto
in direzione dello specchio.
Guardo.
Stanno issando una croce, che guarda me.

STAZIONI

Angela Greco (AnGre) è nata il primo maggio 1976 a Massafra (TA), dove vive. Ha pubblicato: in prosa, *Ritratto di ragazza allo specchio* (racconti, 2008); in poesia: *A sensi congiunti* (2012); *Arabeschi incisi dal sole* (2013); *Personale Eden* (2015); *Attraversandomi* (2015); *Anamòrfosi* (2017); *Correnti contrarie* (2017); *Ora nuda, antologia 2010-2017* (Quaderni di RebStein LXVII, 2017). È ideatrice e curatrice del collettivo di poesia, arte e dintorni *Il sasso nello stagno di AnGre* (http://ilsassonellostagno.wordpress.com/).
Commenti e note critiche sono reperibili all'indirizzo https://angelagreco76.wordpress.com/

Alla mia terra, ai miei amori,
al mio angelo,
ringraziando.

A chi muore, a chi salva,
a chi si salva e mai da solo
ogni giorno.

AnGre

Finito di stampare nel mese di Luglio 2018
da Andersen S.p.A.
per conto di Youcanprint *Self-Publishing*

www.ingramcontent.com/pod-product-compliance
Lightning Source LLC
LaVergne TN
LVHW010925200726
843509LV00013B/2082